共建"一带一路"
民心相通发展报告
（2023）

推进"一带一路"建设工作领导小组办公室
中共中央对外联络部

当代世界出版社
THE CONTEMPORARY WORLD PRESS

图书在版编目（CIP）数据

共建"一带一路"民心相通发展报告.2023／推进"一带一路"建设工作领导小组办公室，中共中央对外联络部著. -- 北京：当代世界出版社，2023.12
ISBN 978-7-5090-1760-9

Ⅰ.①共… Ⅱ.①推…②中… Ⅲ.①"一带一路"-国际合作-研究报告-中国 Ⅳ.①F125

中国国家版本馆CIP数据核字（2023）第172400号

书　　名	共建"一带一路"民心相通发展报告（2023）
出 品 人	吕　辉
策划编辑	刘娟娟
责任编辑	刘娟娟　姜松秀
装帧设计	王昕晔
版式设计	韩　雪
出版发行	当代世界出版社
地　　址	北京市地安门东大街70-9号
邮　　编	100009
邮　　箱	ddsjchubanshe@163.com
编务电话	（010）83907528
发行电话	（010）83908410（传真）
	13601274970
	18611107149
	13521909533
经　　销	新华书店
印　　刷	北京新华印刷有限公司
开　　本	787毫米×1092毫米　1/16
印　　张	3.5
字　　数	31千字
版　　次	2023年12月第1版
印　　次	2023年12月第1次
书　　号	ISBN 978-7-5090-1760-9
定　　价	38.00元

如发现印装质量问题，请与承印厂联系调换。

版权所有，翻印必究；未经许可，不得转载！

目 录

前 言 ………………………………………………… 1

一、发展成效 ………………………………………… 1

（一）发挥政党交往的政治引领作用 ……………… 1

（二）推进文化文明交流互鉴 ……………………… 3

（三）深化全球卫生健康合作 ……………………… 7

（四）助力国际减贫事业 …………………………… 11

（五）强化人才培养交流合作 ……………………… 14

（六）谱写青年国际合作新篇章 …………………… 17

（七）凝聚共建"一带一路"女性力量 ……………… 20

（八）加强民间组织交流合作 ……………………… 22

二、发展启示 ………………………………………… 25

（一）元首引领至关重要 …………………………… 25

（二）坚持汇聚各方力量是高质量推进民心相通的

关键所在 …………………………………… 26

（三）坚持以人民为中心是高质量推进民心相通的

　　　根本准则 …………………………………… 26

（四）坚持持续创新发展是高质量推进民心相通的

　　　动力源泉 …………………………………… 27

三、发展展望 …………………………………………… 29

（一）共同筑牢民心相通交流基石 ………………… 29

（二）共同深化民心相通各领域务实合作 ………… 32

（三）共同提高民心相通发展质量 ………………… 34

附　件　共建"一带一路"民心相通大事记

　　　（截至 2023 年 10 月）……………………… 36

前　言

2013年，习近平主席提出建设"丝绸之路经济带"和"21世纪海上丝绸之路"重大倡议，创造性传承和发扬古丝绸之路这一人类文明成果，开启共建"一带一路"的伟大历程。共建"一带一路"坚持共商共建共享，跨越不同文明、文化、社会制度、发展阶段差异，从亚欧大陆延伸到非洲和拉美，从"大写意"进入"工笔画"，从硬联通扩展到软联通，走过了第一个蓬勃十年。

共建"一带一路"离不开各国人民的支持和参与，享受和平、安宁、富足，过上更加美好生活，是各国人民的共同梦想。民心相通努力汇聚共建国家数十亿民众的友好理念、真挚情谊和务实行动，是推进共建"一带一路"的社会根基，是共建"一带一路"的重要内容。10年来，各国开展了形式多样、领域广泛的公共外交和文化交流，不断深化政府、政党、地方、民间组织、媒体、高校、智库、青年等交流合作，奏响了新时代的丝路乐章。

2023年10月17日至18日，第三届"一带一路"国际合作高峰论坛在北京成功举办,习近平主席出席高峰论坛开幕式并发表主旨演讲,向世界宣布包括支持民间交往在内的高质量共建"一带一路"八项行动,为未来金色十年推进共建"一带一路"高质量发展指明了前进方向。为深入贯彻落实习近平主席主旨演讲精神,充分展现中国人民同共建国家人民友好合作、心意相通的生动画卷,进一步为促进各国共同发展、增进人类福祉作出新贡献,特发布《共建"一带一路"民心相通发展报告(2023)》。

一、发展成效

"国之交在于民相亲,民相亲在于心相通。"10年来,中国与共建国家携手努力,把各国人民间"心联通"作为共建"一带一路"重要基础,不断搭建完善各类人文交流平台机制,聚焦重点领域构建多元互动、百花齐放的人文交流大格局,为推动人类文明互学互鉴注入强大正能量。

(一)发挥政党交往的政治引领作用

10年来,政党交往发挥交往面广、交往程度深、示范作用强等独特优势,在增进民心相通中发挥着重要的政治引领作用。

一是着力凝聚政治共识。 2021年7月,来自全球160多个国家的500多个政党和政治组织领导人出席中国共产党与世界政党领导人峰会。习近平总书记在会上强调:"我们愿同国际社会加强高质量共建'一带一路'合作,共同为促进全球互联互通做增量,让更多国家、更多民众共享发展成果。"政党交往带动共建国家社会多元主体参与，成为促进共建"一带一路"民心相通的重要推动力量。

二是深入对接发展理念。 "一带一路"政党共商会议、共建"一带一路"政党交流机制等双多边政党交流平台充分发挥作用；中越、中老两党理论研讨会，中非政党理论研讨会等成功举办，促进共建国家政党深入交流治国理政经验。同南部非洲六姊妹党联合建设的尼雷尔领导力学院竣工启用，成为中非政党互学互鉴的重要平台。经过10年的发展，各类政党对话交流平台已经成为加强发展理念对接和促进民心相通的重要渠道。

三是增进文明交流对话。 近年来，依托政党外交渠道，万寿论坛等交流活动和对话平台陆续建立和开展，促进各方平等交流、互学互鉴。2019年4月，习近平主席在第二届"一带一路"国际合作高峰论坛开幕式上提出了要积极架设不同文明交流互鉴桥梁的重要任务，并邀请共建国家的政党、智库、民间组织等1万名代表来华交流。2023年3月，习近平总书记在中国共产党与世界政党高层对话会上首次提出全球文明倡议，为不同文明交流互鉴指明了方向。

四是积极推动务实合作。 在政党交往推动下，"中国共产党的故事——习近平新时代中国特色社会主义思想在地方的实践"专题宣介会，吸引共建国家众多政党政要、民间组织代表、企业家等参加,为地方政府同共建国家对接合作需求、拓展合作领域牵线搭桥。中俄中小企业合作圆桌会等各类经贸活动广受欢迎。

(二)推进文化文明交流互鉴

10年来,推动共建国家相互尊重各自的宗教信仰、生活方式和文化习俗,坚持平等交流、取长补短,文化、旅游、体育等领域合作全面铺开,取得一系列丰硕成果。

一是密切人文交流。与共建国家携手做优做亮丝绸之路(敦煌)国际文化博览会、"一带一路"·长城国际民间文化艺术节、丝绸之路国际艺术节、海上丝绸之路国际艺术节、"一带一路"青年故事会、上海国际电影节"一带一路"电影周、"欢乐春节""艺汇丝路""丝绸之路文化之旅"等品牌,积极开展拉美艺术季、澜湄旅游城市、阿拉伯艺术节、中非文化聚焦、边民大联欢、炫彩世界——"一带一路"沿线国家特色文化展示等一系列文化交流主题活动。深入推进丝绸之路文献资源整理共享、数字图书馆建设、信息共享计划,46个中国文化中心成为传播丝路精神的重要平台。丝绸之路国际剧院联盟、博物馆联盟、艺术节联盟等人文交流合作机制发展成员单位已达620家,涵盖97个共建国家和2个国际组织。

二是推动文明互鉴。 持续推进文物对外援助和中外联合考古,与共建国家开展数十个文物援助项目,包括世界著名的哈萨克斯坦拉哈特遗址、乌兹别克斯坦希瓦古城历史古迹、柬埔寨吴哥古迹、尼泊尔九层神庙等。成功举办首届亚洲文明对话大会、首届亚洲文化遗产保护联盟大会、3届文明交流互鉴对话会、首届世界汉学家大会,成立亚洲文化遗产保护联盟,联盟成员国、观察员国总数达到18个。启动亚洲文化遗产保护基金、亚洲文化遗产保护青年大使计划,举办亚洲文化遗产保护行动青年论坛。成功举办多届文明古国论坛和中拉(丁美洲)文明对话论坛、世界汉学讲坛、"文明大讲堂"系列活动。越南、新加坡、泰国、菲律宾、马来西亚等共建国家将春节作为法定假日,广大侨胞举行舞龙舞狮等庆祝活动,为文化交融营造良好氛围。

三是加强文化和旅游领域交流合作。 成功举办中国-东盟旅游合作年、中拉文化交流年、中国-哈萨克斯坦旅游年、中国-克罗地亚文化和旅游年、中国-希腊文化和旅游年、中国-阿根廷友好合作年等大型双边交流活动,与共建国家在国际标准化组织(ISO)共同参与制定旅游服务国际标准,对共建国家人员往来和文化交流起到积极促进作用。成立中蒙俄"万里茶道"国际旅游联盟,与包括联合国世界旅游组织在内的多个国际组织深化旅游标准交流,共同促进文化旅游人力资源开发和旅游业可持续、包容性发展。倡导发起世界旅游城市联合会,目前该联合会已发展成覆盖全球83个国家和地区、包含238个会员的全球性国际旅游组织。中国澳门特别行政区全力打造"世界旅游休闲中心",通过旅游搭建民心相通的亮丽纽带。

四是开展体育交流。 成功举办丝绸之路国际汽车拉力赛、中国武术"一带一路"行、"一带一路"乒乓球邀请赛、"丝路杯"冰球联赛等体育活动,建立中国-东盟体育合作机制,举办中国-拉美、中国-东盟武术太极拳线上比赛。武术成为达喀尔青奥会正式比赛项目。举办2022—2023年中俄体育交流年、中俄青少年冰球友谊赛、中俄青少年运动会等亮点活动。

案例1 中国武术"一带一路"行

2013年,中国武术协会创办中国武术"一带一路"行活动(初期称"武术丝路行")。10年来,通过武术表演、比赛、培训等方式推动中外文化交流交融,促进民心相通。中国武协先后派队赴波兰、罗马尼亚、格鲁吉亚、瓦努阿图、汤加、新西兰等多国交流表演,受到当地民众热烈欢迎。有的爱好者驱车数百千米参加活动;有的跨境从邻国慕名而来,只为一睹中国武术风采。中外武术爱好者在俄罗斯"丝绸之路"杯武术比赛、"莫斯科之星"武术比赛、中国-法国武林大会、坦桑尼亚中华武术大赛、中国-埃及武术散打对抗赛等赛事中以武会友、广交朋友。中国派出的武术教练团队举办的训练营、培训班遍及五大洲30余个国家。新冠肺炎疫情期间,创新形式举办中国-拉美、中国-东盟武术太极拳线上比赛,并向10余个国家提供了300多万元人民币的武术器材。参与活动的外国武协纷纷表示,中国武术"一带一路"行不仅帮助更多当地民众习练武术,更聚拢了人气、加深了了解、增进了友谊,当地人通过武术了解了中国、爱上了中国。

五是深化媒体合作。"一带一路"新闻合作联盟、中拉媒体领袖峰会、中拉媒体论坛、中国-阿拉伯国家广播电视合作论坛、中非媒体合作论坛等影响力日益提升,为推动媒体对话合作、促进文明交流互鉴发挥积极作用,成为凝聚共识的重要平台。连续成功举办6届"一带一路"媒体合作论坛,建设丝路电视国际合作共同体,丝绸之路、熊猫和孔子等成为共建国家民众关注、喜爱和认同的中国标识。服务中国-东盟战略伙伴关系发展,成功举办中国-东盟媒体交流年,创立中国-东盟视听周、澜湄视听周等机制性品牌活动,助力我与共建国家政策沟通、产业融通、民心相通。深化中非、中阿视听合作,组织开展"视听中国"全球播映活动,将上千部次电视剧、动画片、纪录片等中国优秀视听节目译制成几十种语言,在共建国家电视和网络平台播出。深入实施"丝绸之路视听工程",支持149个视听交流重点项目,开展合作传播、融合传播、技术产业合作,推动我与共建国家视听合作走深走实。举办100多期光电视听国际研修培训班,培训相关国家媒体专业人才5000多名。

（三）深化全球卫生健康合作

10年来，中国与共建国家积极加强卫生政策协调、技术交流、人才培养等领域务实合作，为共建国家经济社会发展提供了重要保障。

一是积极参与全球健康治理。与100多个共建国家和包括世界卫生组织、联合国艾滋病规划署在内的多个国际组织签署卫生合作协议，健康丝绸之路国际合作"朋友圈"不断扩大。积极参与世界卫生组织全民健康覆盖行动，加强妇幼健康、健康老龄化等全生命周期健康合作。依托"一带一路"公共卫生合作网络，帮助越南、缅甸、坦桑尼亚、科摩罗等国增强艾滋病、疟疾、血吸虫、登革热、鼠疫防治能力。帮助尼泊尔、孟加拉国提高灾害医学救援水平，赴尼泊尔开展抗震紧急医学救援和卫生应急培训的5支应急医疗队获得世界卫生组织认证。加强与中东欧国家卫生领域合作，5次召开中国-中东欧卫生部长论坛，赴乌兹别克斯坦等国开展"健康快车国际光明行"活动。

二是共筑新冠免疫屏障。截至2022年年底，中国共向120多个国家和国际组织提供超22亿剂疫苗，同10多个国际和地区组织分享了疫情防控和诊疗方案等多份技术文件，向34个国家派出38批抗疫专家组，同20多个共建国家启动或筹备疫苗生产合作。累计向20多个国家捐赠"健康爱心包"5万余个,"健康爱心包"项目广受欢迎。在"丝路一家亲"民间抗疫共同行动框架下,国内大量社会组织在60多个国家实施100多个抗疫国际合作项目,捐赠物资价值近2亿元人民币。"国际抗疫线上交流系列活动"覆盖了数十个共建国家的200多家民间组织。中欧班列发挥战略通道作用,截至2022年年底共运送1439万件防疫物资,重达11万吨。加蓬、津巴布韦等共建国家领导人带头接种中国疫苗并对中国的慷慨援助大加赞扬,纷纷表示中国疫苗援助为本国提升新冠疫苗可及性和可负担性作出了巨大贡献。

案例2 勇敢逆行的"蓝天"英雄

作为疫情期间唯一一支走出国门援助抗疫的民间志愿者队伍,蓝天救援队用了15天的时间走遍了柬埔寨10个省市,完成50处公共场所的消杀作业,消杀面积达158万平方米,直接受益群众5.5万人,覆盖逾600万人。柬埔寨20多家主流媒体全方位报道救援队在柬工作,"谢谢中国!"一时成了柬埔寨新闻中的热词。"蓝天救援队对柬埔寨的支持与帮助,充分体现了中柬两国守望相助、患难与共的兄弟情谊!"柬埔寨首相府办公厅国务秘书盖里维希由衷地表示。

三是开展医疗卫生援助行动。 依托"一带一路"医学人才培养联盟和医院合作联盟等机制,中国陆续开展了一批援外医

疗队、公共卫生人才培训等旗舰项目。截至2022年年底,中国已向76个亚、非、欧、拉美国家派出援外医疗队。共建"一带一路""光明行"、天使之旅——"一带一路"大病患儿人道救助计划等义诊活动给当地白内障患者、先心病儿童带来了生活的希望。积极加强中非"健康丝绸之路"合作,中国先后与非洲41个国家、46家非方医院,围绕当地卫生健康需要和学科发展、临床专科专病专项技术签署了部级合作意向书,有效提升非洲地区卫生健康机构建设和人才队伍培养水平。厄瓜多尔设备集成供应项目成功实施,覆盖厄瓜多尔全国130余家公立医院。波黑多博伊医院新院建设项目获得波黑总统茨维亚诺维奇充分肯定。实施3期援塞拉利昂固定生物安全实验室技术援助项目,为塞方培养实验技术人才。支持非洲疾控中心建设与传染病防控,派遣专家赴非洲疾控中心工作,支持非洲开展新冠病毒扩大检测和密切接触者追踪管理,截至2022年年底,累计捐赠9万余套新冠检测试剂和3000套社区流调工作人员工作包。

> **案例 3　中国红十字会援助伊拉克抗疫志愿专家组**
>
> 中国红十字会援助伊拉克抗疫志愿专家组在海外坚持抗疫 50 天,进行了 18 场官方会谈,开展了 27 次视频培训和交流指导,为当地 1000 多名医务人员开展了培训,深入伊拉克 9 个省份实地指导当地疫情防控工作,足迹遍及大半个伊拉克。专家组毫无保留地把中国经验、中国方案与伊方分享,帮助当地建设了一座核酸检测实验室和新冠病人专用 CT 检查室,为伊拉克抗击疫情提供了宝贵支持,得到伊拉克红新月会和民众的赞赏和感激。

四是推动中医药走出国门。中医药不断赢得共建国家人民青睐,已成为共建"一带一路"医疗卫生领域合作的重要组成部分和促进民心相通的重要载体。中国向摩洛哥、津巴布韦、柬埔寨等共建国家派出中医援外医疗专家及团队,并合作建立中医药海外中心,有效提高当地医疗手段的可及性和可负担性。在近 40 个国家和地区举办 45 站"一带一路"中医药针灸风采行活动。疫情期间,中国同共建国家积极开展中医药抗疫技术、中成药品、抗疫经验分享等合作,近 30 个国家和地区邀请中医专家前往开展抗疫合作。中国积极向共建国家侨胞寄赠含有防疫中成药的"新春暖心包",支持防疫抗疫。举办海外华侨华人中医药大会、"你好中医"文化体验等活动,搭建面向全球的北京中医药双语远程健康服务平台。2022 年 3 月,中国首批援助柬埔寨中医抗疫医疗队——也是中国政府派出的首支国家级中医援外医疗队——抵柬,为柬抗击疫情、构建新时代中柬卫生健康共同体作出重要贡献。与共建国家在国际标准化组织(ISO)共同参与制定95项中医药国际标准。

（四）助力国际减贫事业

10年来，中国同共建国家围绕减贫减困，深化经验交流，广泛凝聚共识，提振减贫信心，积极开展合作，推动减贫事业取得显著成效。

一是搭建全球减贫平台。中国积极搭建全球减贫事业平台，秉持发展优先、以人民为中心的理念，发布了减贫减困、粮食安全等领域首批项目清单，成立了国际民间减贫合作网络，建立了中非减贫与发展伙伴联盟，并积极推动建立全球减贫与发展伙伴联盟。在首届"一带一路"国际合作高峰论坛增进民心相通平行主题会议和第二届"一带一路"国际合作高峰论坛民心相通分论坛上，希腊比雷埃夫斯港工作人员、坦桑尼亚斯瓦希里语配音演员、巴基斯坦法曲尔小学师生、肯尼亚蒙内铁路列车员等国基层民众，纷纷结合自身经历，生动讲述共建"一带一路"给民众生活带来的巨大变化；在第三届"一带一路"国际合作高峰论坛民心相通专题论坛上，中外嘉宾一致通过了《丝路心相通》共同倡议，共同启动了"丝路心相通"行动。

二是引智帮扶摆脱贫困。大批中国农业专家与共建国家民众并肩协作,在农产品增产增收、技术推广、人才培养等方面提供指导。中国杂交水稻在数十个国家和地区得到推广种植,80多个共建国家超过1.4万名杂交水稻技术人才得到专业培训。在斐济、巴布亚新几内亚、南非、泰国、马来西亚、卢旺达、莱索托和厄立特里亚等13个国家建立了菌草技术示范培训和产业发展基地,菌草技术被列为联合国2030年可持续发展优先推广项目,为共建国家减贫脱贫作出了重要贡献。中国帮助非洲建立了20多个农业技术示范中心,推广作物良种、提供技术支持。同埃及合作建立了4个妇产科培训中心和13家培训学校,有力提升了埃及的妇产科检查与服务水平。《中国减贫学——政治经济学视野下的中国减贫理论与实践》《中国减贫密码》《梦中的阿媒》等一批高质量共建"一带一路"减贫宣传片在近50家国家电视台播出,引起国际广泛关注。

三是开展减贫民生项目。以民众需求为导向,以增进民生福祉为目标,积极开展让共建国家民众受益的民生项目。在解决共建国家民众急、难、愁、盼问题领域,许多"小而美"减贫项目开花结果,以小产业带动减贫事业发展,显著提升民众获得感。中国同柬埔寨、老挝和缅甸共同启动东亚减贫示范合作技术援助项目。援助桑给巴尔血吸虫病防治技术合作项目培训了一支专业的血吸虫病防治队伍,3年时间项目示范区的人群发病率从8.92%下降至0.64%。坦桑尼亚邀请中国玉米种植技术专家培训当地农民,推广农业技术。中国企业在菲律宾实施"光明乡村"扶贫通电工程,利用太阳能微电网系统为偏远山区带来光明、希望,改变千余名村民几乎与世隔绝的原始生活状态。帮助非洲20多个国家实施"万村通"项目,撒哈拉以南非洲国家的近1万个村庄的村民看上了数字电视,开阔了视野,畅通了获取知识和市场信息的渠道。援助塞舌尔、科摩罗、坦桑尼亚、毛里求斯广电中心合作项目,提高了当地广播电视传播能力,成为农业知识和技能传播的重要载体。2021年,同非洲国家共同实施的减贫惠农工程被纳入第八届中非合作论坛"九项工程"。自2011年起已经举办6届的中非民间论坛,始终将推动中非民生合作、提升民众福祉作为重要主题,推出"丝路一家亲"、中非民间友好伙伴计划等中非民间务实合作规划,包含众多减贫合作项目。

四是积极参与国际人道主义救援救助行动。自然灾害已经成为全球面临的共同挑战。10年来,中国派出救援队先后赴尼泊尔、莫桑比克、土耳其开展地震、洪灾救援行动,累计接诊19 000余人,有效救治灾民7000余次。应汤加火山灾害、马达加斯加和巴基斯坦洪涝灾害、瓦努阿图飓风灾害救援请求,中国及时提供国际紧急人道主义物资援助,紧急调拨5600顶帐篷和1100张折叠床支援灾区。积极开展应急管理领域国际合作,截至2022年年底,30余个国际和区域组织、90余个国家的应急管理部门与中国建立合作关系,签署20余份合作文件,发起建立"一带一路"自然灾害防治和应急管理国际合作机制。

(五)强化人才培养交流合作

10年来,教育培训合作深度融入共建"一带一路",为推进各领域务实合作提供了人才支撑。

一是搭建交流合作机制平台。中国-东盟职业教育联合会、中国-中东欧国家高校联合教育项目、未来非洲-中非职业教育合作计划、"一带一路"高校战略联盟、丝绸之路大学联盟、"一带一路"国家人才培养基地和外国留学生"一带一路"奖学金等一系列旗舰项目不断发展壮大,推动共建"一带一路"职业教育合作上升到新高度。截至2022年年底,58个共建国家同中国签署了学历学位互认协议,30余所中国高等学校在近50个共建国家举办了160余个境外办学机构和项目。中国已与130多个共建国家合作设立了孔子学院或孔子课堂,在15个共建国家建立20所中文工坊,60余所非洲大学设立了中文系或中文专业,70多个共建国家将中文纳入国民教育体系,近10万名青少年参加了"汉语桥"世界大中小学生等系列中文比赛,超5万名共建国家青少年来华参加"汉语桥"夏令营,中文和中国文化在共建国家的普及程度逐年提升。中国香港特别行政区也推出"一带一路"奖学金、"一带一路"地区交流计划等项目,资助共建"一带一路"国家和地区与香港的青少年学生交流学习。成功举办中蒙高等教育发展论坛、中蒙俄经济走廊建设与高等教育科技合作发展国际论坛、中蒙俄教育科技合作展,为中蒙俄人才培养、科学研究等提供良好合作平台。"一带一路"南南合作农业教育科技创新联盟得到共建国家农林高校的积极响应和参与。

> **案例4 巴布亚新几内亚布图卡学园里的"中国热"**
>
> 布图卡学园位于巴布亚新几内亚首都莫尔斯比港南部,是目前南太平洋地区面积最大、功能最齐全、设施最先进的学校。2021年10月,布图卡学园孔子课堂正式启动并在当地掀起"学中文"浪潮,先后有七八百名教师和学生通过唱中文歌、看中国电影等方式参加中文学习。如今,布图卡学园已经是巴新现代化教育的缩影,也是中国与巴新友谊的新见证与象征,它将在巴新与中国教育文化交流等方面发挥重要的桥梁与纽带作用,助力共创美好未来!

二是加强人才技能培养。 中国同埃及、南非、吉布提、肯尼亚等14个非洲国家合作共建了16所"鲁班工坊",分享中国优质职业教育资源,非洲青年赞叹其是"最好的培训班"。与巴基斯坦、老挝、尼泊尔、亚美尼亚、阿富汗、刚果(金)、卢旺达等国合作建立了一批职业技术学校、培训中心，改善了基础教学条件。青年汉学家研修计划培养了来自95个国家的360位青年汉学家。依托中非高校20+20合作计划，深入开展产业合作，培养共建"一带一路"实用人才和知华友华力量。成功举办中赞（比亚）经贸合作区"劳动美"友好交流营、中非青年工匠交流营和中缅职工交流营，培养了一批具有较高技能的产业工人和青年才俊。建设"一带一路"税收征管能力促进联盟，成立5所"一带一路"税务学院，举办各类培训活动50余期，100多个国家（地区）超过3000名税务人员参加了培训。联合国际标准化组织（ISO）成立国际标准化培训基地，为88个国家的1200余名学员提供标准化培训，对30余个国家的500余名计量技术和管理人员开展计量培训。向国际劳工组织"南南技术合作基金"捐款400万美元，在柬埔寨、老挝、缅甸实施技能开发南南合作项目，建立"一带一路"框架下南南合作技能开发网络。联合成立妇女实用技术培训班、澜湄职业教育培训中心暨柬埔寨"鲁班工坊"、澜湄职业教育培训基地，数万名湄公河国家来华务工人员得到培训，实现了相关共建国家职业教育资源共建共享，成为澜湄教育合作的代表性项目。

三是发挥智库支撑作用。"一带一路"智库合作联盟国际影响力不断扩大，现已形成8个分支网络，吸纳全球266家智库研究机构和高校，邀请希腊前总理乔治·帕潘德里欧、斯洛文尼亚前总统达尼洛·图尔克等13位前政要担任国际顾问委员会委员。成功举办丝路国际智库网络年会、"一带一路"陆海联动发展论坛、第四届"丝绸之路"沿线国家法治合作高端论坛、"中国倡议-促进人类持久和平和共同发展"研讨会等,海外侨团积极成立"一带一路"咨询服务机构,为凝聚广泛共识、提高科学决策能力提供智力支撑。

四是促进中外人员往来。 多层级、立体化的人员往来,极大推动了共建"一带一路"各领域友好交流与合作。截至2023年5月,110余个共建国家的省(州、县、大区、道等)、城市同中国31个省(区、市)、城市结成1500余对友好城市(省州)。130个共建国家同中国缔结了涵盖不同护照种类的互免签证协定,28个共建国家同中国达成了39份简化签证手续的协定或安排。中国已同103个共建国家签署了政府间航空运输协定,同57个共建国家通航。

(六)谱写青年国际合作新篇章

10年来,共建国家青年在互学互鉴中增进了解、收获友谊、共同成长,绽放携手共进的青春风采。

一是注入青春活力。 在"中国青年全球伙伴行动"框架下,200多个国家青年组织和国际组织同中国建立交流合作关系,众多亮点纷呈的青年人文交流活动相继开展。世界青年发展论坛、亚非青年联欢节、"未来之桥"中拉青年领导人千人培训计划、国际青年领袖对话、"未来之桥"中国东盟青年领导人研修计划等青年交流项目成功实施。全球青年政党成员对话活动在南亚、拉美和加勒比、非洲、中亚、中东欧等地区政党间有序开展。教育、科学、文化、艺术、体育、卫生、人道等领域一系列青年会议、论坛、研讨等活动不断涌现。

二是凝聚青春共识。"一带一路"青年故事会活动连续举办16场,1500多名各国青年代表踊跃参加,围绕脱贫减贫、气候变化、抗疫合作等主题,分享在促进社会发展和自身成长进步方面的故事和经历。"最美丝路青年""筑梦丝路特别报道"等国际传播项目,以及共建"一带一路"主题文字、视频、图片等系列融媒体产品的制作推广,向国际社会生动讲述各国青年推动共建"一带一路"高质量发展、促进民心相通的精彩故事。各界青年代表积极参加亚洲青年理事会、亚信青年委员会、丝绸之路国际青年联盟等开展的活动,利用国际舞台传播共建"一带一路"理念和成果。

三是推动青年创新。"丝路孵化器"青年创业计划、中国-东盟青年创业"云讲堂"、中国-中东欧国家青年创客国际论坛、藤蔓计划等活动顺利实施,为共建国家青年创新创业搭建桥梁。中国-东盟青年营等青年交流研修项目的持续开展,有效助力青年能力提升和领导力培养。亚太青年领导力与创新创业论坛连续举办5届,吸引亚太地区30多个国家700余名青年代表参加。

四是担负青年使命。中国青年代表在国际多边舞台向世界介绍参与抗疫志愿服务的感人故事、分享科学应对疫情的经验做法;"国际青年领袖对话"项目外籍青年代表走入粤港澳大湾区,探寻中国发展的奥妙;中日、中韩青年开展植树造林、防治荒漠化项目合作,共同助力绿色丝绸之路建设;共建国家青年运动员和青年志愿者在2022年北京冬奥会、冬残奥会上,共同发出"一起向未来"的时代强音。

案例5 做青年就业的推动者

纳米比亚是非洲人口年轻化程度最高的国家之一。中核集团纳米比亚罗辛铀矿积极实施多项青年创业扶持项目:一是与纳米比亚社保基金会合作,推出"圆梦种植园"计划和"青年林业"计划,支持当地青年建造蔬菜大棚和伐木加工厂,并提供相关设备和技术培训。二是与地方政府合作,为小型采矿业者提供安全生产、矿物销售等支持,改善以青年群体为主的当地小型采矿业者的生存环境。三是与技能学校合作,开展青年女性创业培训项目。

（七）凝聚共建"一带一路"女性力量

习近平主席先后在2015年全球妇女峰会和2020年联合国大会纪念北京世界妇女大会25周年高级别会议上，提出保障妇女权益必须上升为国家意志、推动妇女走在时代前列等重要主张，指明了推动性别平等、加强全球妇女事业合作的前行方向。10年来，共建国家围绕妇女事业，依托多种形式，加强友好交流，形成了全方位、多层次、宽领域的妇女国际交往格局。

一是密切妇女交往。10年来，145个共建国家429个妇女组织、机构以及联合国相关组织和专门机构同中国保持友好交往。包括100多位外国女性领导人、元首夫人、议长、政府部长在内的50多个部长级以上团组访华，数十批中国妇女代表团组出访世界各国。开展"凝聚女性力量、共建'一带一路'"主题活动，连续举办6届中国-东盟妇女论坛、3届指尖上的丝绸之路——丝路妇女论坛。在中国-阿拉伯国家合作论坛、中非合作论坛、中国-中亚合作论坛、中国-东盟合作机制等框架下积极举办妇女论坛。在第二届"一带一路"国际合作高峰论坛期间举办图片展，展示各国妇女参与共建"一带一路"的成果和风貌。中俄妇女儿童文化交流全面推进，中南（非）妇女务实合作迈上新台阶。

二是共促妇女发展。举办南部非洲政党与妇女干部研修班等10余场活动,分享中国共产党治国理政宝贵经验和新时代中国妇女儿童和家庭事业发展成就。积极落实1995年北京世界妇女大会通过的《北京宣言》和《行动纲领》,举办"21世纪人类消除贫困与妇女的作用"——纪念北京世界妇女大会25周年暨全球妇女峰会5周年座谈会、"新时代女童和妇女教育变革"国际研讨会,彰显女性在推进全球减贫和妇女教育事业中的担当。围绕妇女参政、经济赋权、家庭建设、反对对妇女的暴力、儿童保护和儿童教育等议题开展双多边交流,让性别平等落到实处,推动妇女走在时代前列。来自53个国家和联合国机构的驻华女外交官170余人参加"百名女外交官看中国"中外妇女交流活动,22国女外交官赴延安参观考察杨家岭中央妇委会旧址、梁家河村史馆及知青旧居,实地考察中国妇女发展、卫生健康、乡村振兴等方面取得的成就。

三是加强全球妇女事业合作。积极加强妇女能力建设,10年来,100多个国家的2000多名妇女参与100多期能力建设培训,15个国家建立了中外妇女培训(交流)中心。在7个国家联建10个"丝路妇女之家",推动共建国家和地区妇女真正成为"一带一路"建设的拥护者、参与者、受益者。近5年来,"女性领导力与社会发展"国际硕士学位教育招收培养了36个发展中国家的148名女性官员。中国妇女发展基金会"母亲微笑行动"为菲律宾唇腭裂儿童提供免费手术治疗,邀请专家向国外妇女传授刺绣、插花技术。妇女儿童发展中心缅甸木姐办公室实施对缅妇女儿童公益项目,受到当地妇女儿童热烈欢迎。深化抗疫合作,先后向120多个国家和地区的妇女组织、机构致送慰问支持函电,向近30个国家妇女儿童捐赠防疫物资。出席联合国妇女署举办的"从应对到恢复:中国和全球合作伙伴的经验"部长级圆桌会议,就"女性在抗疫和疫后复苏中的作用"与第76届联大主席沙希德进行座谈。

案例6 坚强的埃塞俄比亚姑娘

中埃双方开展的埃塞俄比亚妇女培训项目致力于用传统手工艺帮助当地女性提高谋生的能力和机会。从2017年4月开始,项目中50个来自农村的姑娘一起接受了为期两个月的培训。此外,项目要求将个人收入的10%—20%节省出来,投入到再生产中,推动项目可持续运行,使姑娘们获得了稳定的收入。

(八)加强民间组织交流合作

10年来,共建国家民间组织积极发挥专业性强、灵活度高、更接地气的独特优势,不断丰富民心相通内涵与外延,为多渠道、宽领域、深层次增进民心相通发挥重要作用。

一是丰富人文交流内涵。近年来,民间组织举办和参加了各类高质量、高规格、大规模的人文活动。丝路学堂、丝路工匠、国际孔子文化节、师资培训和职业院校国际合作联盟促进了共建国家间语言互通、知识共享、技术培训和教育合作;科技管理培训班、联合实验室、"一带一路"国际科学组织联盟等推动共建国家科技交流合作与共同发展。

二是打造惠及民众的民生品牌。中国和平发展基金会、中国乡村发展基金会、爱德基金会在柬埔寨、缅甸、尼泊尔、瑞士、肯尼亚等国设立代表处,积极加强同当地非政府组织交流合作。中国红十字会发起成立丝路博爱基金,专门在共建国家开展医疗救助项目。中国民间组织国际交流促进会在第二届"一带一路"国际合作高峰论坛民心相通分论坛发起"丝路一家亲"行动,推动共建国家民间组织建立近600对合作伙伴关系,共开展300余个民生合作项目,"深系澜湄""国际爱心包裹""光明行"、移动介入手术车等品牌项目在全球产生广泛影响。

三是夯实民间组织合作基础。2017年11月成立的丝绸之路沿线民间组织合作网络受到共建国家民间组织热烈响应,截至目前,有70多个国家的近400家民间组织加入合作网络,开展了500余项活动和项目。由中国社会组织主办、共建国家民间组织广泛参与的"一带一路"国际合作高峰论坛民心相通分论坛、丝绸之路沿线民间组织合作网络论坛、中非民间论坛、文明交流互鉴对话会、香港"一带一路"高峰论坛等,成为机制性展示民间交往成果、促进人文交流合作、畅想民心相通未来的重要平台。10年来,民间组织在文化、教育、科技、艺术、体育、新闻、环保、法律等领域的合作机制逐步构建,为共建国家深化友谊提供了重要渠道。

二、发展启示

"万物得其本者生,百事得其道者成。"10 年来,共建"一带一路"民心相通探索出了一条文化上彼此尊重、发展上相扶相济、心灵上相亲相近的发展道路,焕发出强大的生命力,架起了世代友好、心心相印的桥梁,为今后更好推进民心相通建设积累了宝贵经验。

(一)元首引领至关重要

习近平主席高度重视民心相通,深刻指出:"以利相交,利尽则散;以势相交,势去则倾;惟以心相交,方成其久远。国家间关系发展,说到底要靠人民心意相通。"习近平主席率先垂范、亲自指导、亲身参与,与共建国家领导人密切对话沟通,出席 3 届"一带一路"国际合作高峰论坛,为共建"一带一路"领航定向、擘画蓝图。领导人互访和高层对话,为高质量共建"一带一路"指明了正确方向,有力增进了共建国家政治互信和理解认同,为推进民心相通奠定坚实基础。

（二）坚持汇聚各方力量是高质量推进民心相通的关键所在

多元主体形成合力。民心相通是涉及多领域多主体的系统工程，必须坚持官民并举、上下协同、内外联动，发挥和调动各类主体的积极性和主动性，突出特色优势，加强协调配合，释放综合效应，实现多重效果。10年来，通过深入推进政党交流，持续加强高校、智库、媒体合作，鼓励社会组织增强综合协调功能，创新发挥港澳同胞和华侨华人在促进民心相通领域的独特优势，广泛开展教育、科技、文化、卫生、人道、媒体、旅游、体育、地方等交流合作，打造出一批机制化交流品牌，有力提升了共建"一带一路"的吸引力、凝聚力。

（三）坚持以人民为中心是高质量推进民心相通的根本准则

一是共绘发展同心圆。民心相通建设既承担增进友谊、加深了解的重任，又发挥助推经济合作、增进民生福祉的功能。共建"一带一路"聚焦发展这一根本性问题，主动顺应民愿、汲取民智、汇聚民力，紧扣共建国家发展瓶颈和迫切诉求，聚焦消除贫困、增加就业、改善民生,多做雪中送炭、守望相助的急事要事实事,以实打实、沉甸甸的成果提升共建国家人民获得感、幸福感和安全感,使共建"一带一路"成为造福世界的"发展带"、惠及民众的"幸福路",夯实高质量共建"一带一路"最为广泛最有力量的民意基础。

二是发挥民众主体作用。民心相通必须紧紧依靠民间和社会力量。只有各国民众交往多了、感情深了,心与心才能贴得更近,各种务实合作才能开展得更加顺畅,友好的基础才能更加坚实。没有广大民众的参与,国家层面的合作就不能落地生根,民心相通就会浮于表面、失去根基。10年来,中国社会组织和企业等民间力量发挥自身较强的社会动员、国际交往和专业技能优势,深入共建国家社会基层"毛细血管",开展医疗、教育、扶贫、人道、应急救援等公益项目,同共建国家民众结成形式多样、内容丰富的交流合作对子,拉近感情和心理距离,促进心灵相通,拉紧友谊纽带。

(四)坚持持续创新发展是高质量推进民心相通的动力源泉

一是创新交流形式。创新是引领发展的动力,也是促进合作的活力。10年来,中国同共建国家不断创新人文交流合作形式,持续提升与共建国家人民"心联通"水平,共建百花齐放、美美与共的文明之路。在全球疫情肆虐的背景下,积极探索用好网络平台开展云端交流,"云会展""云对话""云签约"等国际文化艺术交流方兴未艾,进一步巩固和深化了旅游、教育、文化等传统领域合作。推动科技与文化深度融合,创新传播方式,让书写在古籍里的文字、收藏在禁宫里的文物、陈列在广阔大地上的遗产活起来,为人文交流增添新动能。

二是拓展合作领域。民心相通是共建国家的桥梁和纽带,领域愈广则桥梁愈宽、纽带愈韧。10年来,中国和共建国家在政治政党、文化文明、生态环保、卫生医疗、教育科技、旅游体育、人道公益等各个方面开展了广泛深入的合作,压茬推进青年发展、妇女事业、防疫减灾、扶困脱贫等领域合作,形成了多元互动、协同发展的民心相通新格局。当前,民心相通把握数字化、智能化发展机遇,积极在健康、绿色、数字、创新等新领域开展合作,推动共建国家加强技术转移和知识分享合作,利用其独有的人文交流优势广集各国之长、广纳天下英才,助力各国数字产品、技术和服务更好地融入全球产业链、供应链和价值链,为共建创新之路赋能。

三、发展展望

经过 10 年的建设发展,共建"一带一路"民心相通迈上了新台阶、站在了新起点。当前,世界之变、时代之变、历史之变正以前所未有的方式展开。共建"一带一路"倡议源于中国属于世界,站在了历史正确一边,符合时代进步的逻辑,走的是人间正道。站在新起点,中国将继续秉持共商共建共享原则,弘扬丝路精神,把同共建国家人民"心联通"作为重要基础,推动共建"一带一路"高质量发展,发挥各国民众主人翁作用,将美好愿景转化为实际行动,携手推动构建人类命运共同体。

(一)共同筑牢民心相通交流基石

一是加强政治引领。 中国将以元首外交为统领,发挥政党外交优势,凝聚政治共识。中国愿同共建国家继续深化拓展政党对话,发挥中国共产党与世界政党领导人峰会、中国共产党与世界政党高层对话会、"一带一路"政党共商机制等平台重要作用,进一步开辟对话渠道、搭建对话平台、扩大对话领域,更加紧密地围绕共建"一带一路"加强交流对接,出思想、出政策、出实招,为建设和平繁荣的世界贡献智慧和方案。中国愿同共建国家深入推进政党合作,广泛开展同共建国家主要政党、立法机构、政治组织、政治家等的友好往来,拓宽与共建国家政党和人民进行思想和情感上交流与沟通的渠道。

二是完善平台机制。中国愿同共建国家进一步丰富完善民心相通合作平台机制,完善服务保障,积极支持社会力量参与,构建立体多元的文明互学互鉴桥梁。中国愿同共建国家坚持政府引导、社会参与,全局谋划、重点突破,因地制宜、灵活施策,不断推动组织方式和工作机制创新,助力民众实现理念相通、情感相通、文明相通。中国愿充分发挥高级别人文交流机制统筹协调作用,推动社会各界广泛开展交流,深入开展教育、科学、文化、体育、旅游、卫生、考古、人道等各领域合作,使各国人民成为友好合作的坚定支持者、积极建设者、真正受益者。中国继续将举办"良渚论坛"、文明交流互鉴对话会、世界汉学家大会、世界汉学讲坛、"文明大讲堂"系列活动,深化同共建国家的文明对话。在已经成立丝绸之路国际剧院、艺术节、博物馆、美术馆、图书馆联盟的基础上,成立丝绸之路旅游城市联盟。

三是密切人员交流。各行各业人员开展友好交往,是筑牢民心相通民意基础的关键。中国愿同共建国家加强民间交流合作,推动共建国家和人民在构建人类命运共同体的实践中率先迈出坚定步伐,形成"众人拾柴火焰高"的生动局面。中国将坚持开放包容,进一步保障中外出入境人员往来便利,积极加强同共建国家议会、政党、智库、民间组织往来,密切妇女、青年、残疾人等群体交流,为社会各阶层、各群体参与人文交流合作创造机遇。发起实施"丝路心相通"国际志愿行动,密切共建国家青年志愿者交流合作。中国愿充分发挥社会组织作用,协调联动官产学研媒等社会资源,推动与共建国家相关政府部门、民间组织、企业、智库、媒体等各类主体和人员广泛参与、相互支持、良性互动。

四是巩固交往基础。"志合者,不以山海为远。"相互尊重、和衷共济、和合共生是人类文明发展的正确道路,也是推动民心相通的重要前提。共建国家的国情和人文风俗都应该得到尊重。中国愿同共建国家坚持平等、互鉴、对话、包容的文明观,加强交流对话,既不"输入"外国模式,也不"输出"中国模式,更不会要求他国"复制"中国做法。中国愿同共建国家坚持共商共建共享原则,挖掘不同文化背景下的合作意愿,理解各自利益诉求和困难挑战,准确把握各方利益汇合点,找到各国认同的"最大公约数",创新合作形式,丰富合作内容,拉紧民间纽带,用心用情讲好人类命运共同体的故事,夯实友好交往的民意基础。中国愿同共建国家坚持求同存异、互学互鉴,就精准扶贫、乡村振兴、绿色发展、打击腐败等共同关心的议题深入开展治国理政经验交流，共同加强自身建设、提升治理能力、更好为民造福。

（二）共同深化民心相通各领域务实合作

一是坚持民生导向。中国将坚持以人为本、成果共享，同共建国家广泛开展民生合作，更多向民众关注的粮食、饮水、医疗、养老、教育、培训、人道、应急救援、防灾减灾等民生领域倾斜。中国愿同共建国家建立更多教育交流合作对接机制，继续实施"丝绸之路"中国政府奖学金项目，推进共建"一带一路"教育和培训行动，加强高校人才培养和科技国际合作，发挥各类高校联盟作用，开展跨学科交叉融合和跨领域、跨国界科研合作，培养更多高素质国际化人才。中国愿同共建国家继续开展卓有成效的民生援助，设立"一带一路"民心相通专项基金，深入开展"丝路心相通"行动，实施更接地气的民生合作项目，帮助缺水地区的民众修建水窖、支持民众开展沙漠化治理、实施难民救助、提升妇女职业技能、加强再就业培训等。中国愿同共建国家积极分享减贫经验，大力推广环境友好型产业和技术，开展生态补偿与生态修复型扶贫，因地制宜开展扶贫帮扶项目，增加共建国家贫困人口就业收入，惠及当地民众。

二是聚焦人类共同挑战。面对全球能源和粮食安全、气候变化、减贫救灾、卫生健康等牵动民心、关系民生的挑战,中国愿同共建国家加强交流,持续探寻和扩大利益契合点,进一步努力释放共建"一带一路"改善民生福祉、促进经济社会发展的潜力,共同谋划、共同行动,加强国际民间减贫合作网络建设,深化国际减贫合作。围绕减贫与乡村发展、粮食安全、教育发展等议题,加强交流分享和合作,加快落实联合国2030年可持续发展议程,推动各国粮食、能源监管机构及相关生产加工行业加强交流,提升安全预警和风险管控能力。建立应急反应机制,提升应对突发状况、集体救援行动能力。深化国际科技交流合作,把握数字化、网络化、智能化发展机遇,推动共建联合实验室、联合研究中心等国际创新平台建设。中国愿同共建国家高举构建人类卫生健康共同体旗帜,统筹相关卫生健康合作项目和活动,强化卫生健康机构和人才队伍培养,深入参与国际卫生健康合作,提升参与全球健康治理能力。

三是加强新兴领域合作。绿色、健康、数字、创新丝绸之路建设是高质量共建"一带一路"的新亮点新名片。中国愿同共建国家携手打造"健康丝绸之路",加强传染病疫情通报、疾病防控、医疗救援、传统医药领域互利合作,开展经验交流,分享诊疗防控方案和理念。中国愿同共建国家携手打造"绿色丝绸之路",发挥绿色联盟等多边平台作用,扩大与共建国家的绿色低碳、政策实践交流合作，增加绿色发展技术供给，推动生态环保标准衔接，促进先进绿色适用技术转移转化，实施绿色丝路使者计划和应对气候变化南南合作项目。中国愿同共建国家加强"数字丝绸之路""创新丝绸之路"建设，拓展跨境电商、数字娱乐、数字旅游、远程教育、远程医疗、智慧城市等合作，推动新产业、新业态、新模式发展。

（三）共同提高民心相通发展质量

一是打造标杆项目。"千帆出海，百舸争流。"推进民心相通行稳致远需要打造更多重点领域的精品项目。中国将统筹推进标志性工程和"小而美"民生项目，积极开展民生援助，推进教育、文化、生态环保、卫生医疗、人道公益等领域合作，发挥"鲁班工坊""丝路一家亲"等现有标志性示范工程引领作用，着力打造"丝路心相通"等一批新的有示范效应的代表性项目。中国愿加强同共建国家发展援助机构和有关国际组织的合作，持续打造发展合作援助旗舰项目，实施有影响力的奖学金、人才培养项目。中国愿同共建国家以接地气、聚人心、可持续为导向，发挥好全球发展和南南合作基金会、"一带一路"民心相通专项基金作用，加强对共建国家民众需求急迫、"授人以渔"型的"小而美"项目投入，形成更多看得见、摸得着的合作成果。

二是多元立体讲好民心相通故事。"声同则处异而相应，德合则未见而相亲。"中国愿同共建国家一道，与时俱进开展多形式、全方位、立体化传播，提升对外传播效能。中国愿同共建国家合作创新传播途径，更多利用网络平台，挖掘新媒体、短视频潜力，探索云端传播机制，讲好共建"一带一路"的故事。中国愿同共建国家一道，顺应"Z世代"青年受众需求，开展丰富多彩的青少年交流活动。发挥理性客观的知华友华意见领袖和留学生、华侨华人、海归等桥梁纽带作用，支持共建国家学者、企业家等积极参与国际会议论坛，引领舆情民意、推进人文交流、促进民心相通。

"积力之所举，则无不胜也；众智之所为，则无不成也。"中国将坚持弘扬和平合作、开放包容、互学互鉴、互利共赢的丝路精神，同共建国家有关各方一道，完善民心相通平台机制，加强人文交流、民生援助等重点领域务实合作，助力共建"一带一路"成为和平之路、繁荣之路、开放之路、绿色之路、创新之路、文明之路，夯实共建"一带一路"社会民意基础，推动构建人类命运共同体。

附件

共建"一带一路"民心相通大事记

（截至 2023 年 10 月）

2013 年

9月7日，中国国家主席习近平在哈萨克斯坦纳扎尔巴耶夫大学发表题为《弘扬人民友谊 共创美好未来》的重要演讲，倡议共同建设"丝绸之路经济带"。

10月3日，中国国家主席习近平在印度尼西亚国会发表题为《携手建设中国-东盟命运共同体》的重要演讲，倡议筹建亚洲基础设施投资银行，与东盟国家共同建设"21世纪海上丝绸之路"。

2014 年

6月5日，第五届中俄中小企业合作圆桌会议，由中共中央对外联络部与公正俄罗斯党国际部共同主办，在莫斯科举行。

9月12日，首届丝绸之路国际艺术节在西安举办。

11月8日，中国国家主席习近平在"加强互联互通伙伴关系"东道主伙伴对话会上宣布中国将出资400亿美元成立丝路基金,为共建"一带一路"国家基础设施、资源开发、产业合作和金融合作等与互联互通有关的项目提供投融资支持。

11月26日,海上丝绸之路国际艺术节在福建泉州举办。

2015年

4月8日,"一带一路"智库合作联盟在北京成立。

4月27日,中国政府医疗队前往尼泊尔地震灾区参加抗震救灾医学救援。

5月7日,拉美及加勒比艺术季由中国文化部主办,在北京民族剧院举行。

5月22日,由西安交通大学发起的丝绸之路大学联盟正式成立。

6月24日,丝路帆远——中国·海上丝绸之路文物精品图片展在曼谷开幕。

7月6日,世界华侨华人工商大会在北京开幕,来自世界79个国家和地区、代表211个工商社团和专业协会的海外华商和商会领袖300余人参会。

9月21日,以"命运共同体,合作新格局"为主题的2015"一带一路"媒体合作论坛在北京举行。

10月17日,"一带一路"高校战略联盟在甘肃成立。

11月4日,丝路国际智库网络27个国家的40多家智库和有关国际机构,联合发起成立丝路国际智库网络。

2016年

1月16日,中蒙俄52个城市成立"万里茶道"国际旅游联盟。

1月26日,由中国文化和旅游部主办、中国对外文化集团公司承办的2016中拉文化交流年活动在北京正式发布。

3月8日,世界上第一所"鲁班工坊",由泰国大城技术学院和天津渤海职业技术学院合作创建。

5月3日,丝路电视国际合作共同体由中国国际电视总公司、中国中央电视台在阿拉伯广播电视节上倡议发起。

9月20日,丝绸之路(敦煌)国际文化博览会在甘肃省敦煌市举办。

10月21日,丝绸之路国际剧院联盟启动仪式在北京举行。

11月23日,以"媒体携手助力中拉务实合作"为主题的首届中拉媒体领袖峰会在智利首都圣地亚哥举行。

2017年

1月8日,应联合国秘书长古特雷斯邀请,中国国家主席习近平访问联合国日内瓦总部,发表题为《共同构建人类命运共同体》的主旨演讲,系统阐发了全球发展的中国方案,即"构建人类命运共同体,实现共赢共享"。

1月18日,中国国家主席习近平在日内瓦访问了世界卫生组织并会见陈冯富珍总干事。会见后,习近平主席和陈冯富珍共同见证了《中华人民共和国政府和世界卫生组织关于"一带一路"卫生领域合作的谅解备忘录》等协议的签署。

3月16日,中国-东盟旅游合作年在菲律宾马尼拉开幕。

4月5日,"数字丝路国际科技联盟"在澳大利亚悉尼正式成立。

4月24日,在希腊和中国外交部共同倡议下,第一届文明古国论坛会议在雅典召开。

5月13日,中国红十字基金会天使之旅——"一带一路"大病患儿人道救助计划蒙古国行动正式启动。

5月14日,首届"一带一路"国际合作高峰论坛增进民心相通平行主题会议在北京举行。

5月18日,中国博物馆协会丝绸之路沿线博物馆专业委员会、国际丝绸之路研究联盟、丝绸之路国际博物馆友好联盟共同发起成立丝绸之路国际博物馆联盟。

7月19日,中国和捷克共同举办的中国投资论坛在捷克首都布拉格举行。

8月28日,"一带一路"青年故事会在北京举办,来自印度、哈萨克斯坦、中国、吉尔吉斯斯坦、巴基斯坦、俄罗斯、塔吉克斯坦、乌兹别克斯坦、阿富汗、白俄罗斯、伊朗和蒙古国等国的约200名青年代表汇聚一堂,深入了解中国文化。

10月20日,丝绸之路国际艺术节联盟在上海正式成立。

11月21日,首届丝绸之路沿线民间组织合作网络论坛在北京成功召开,中国国家主席习近平致贺信。

2018年

5月28日,丝绸之路国际图书馆联盟在四川省成都市正式成立。

6月19日,丝绸之路国际美术馆联盟成立仪式在中国美术馆举行。

7月23日,第五届中非民间论坛在四川省成都市举行,中共中央总书记、国家主席习近平向论坛致贺信。

9月3日,中非合作论坛北京峰会在北京举行,峰会达成共建"一带一路"重要共识,中非一致同意将"一带一路"同联合国2030年可持续发展议程、非盟《2063年议程》和非洲各国发展战略紧密对接,并同意将论坛作为中非共建"一带一路"的主要平台。

11月4日,"一带一路"国际科学组织联盟在北京成立,首批成员包括俄罗斯科学院、联合国教科文组织等37家科研机构。

11月5日,以"新时代,共享未来"为主题的首届中国国际进口博览会在上海召开。

11月18日,"一带一路"中医药针灸风采行英国站活动在英国剑桥大学举行。

2019年

4月23日,"一带一路"新闻合作联盟首届理事会议在北京成功召开,中国国家主席习近平致贺信。

4月24日,"一带一路"国际智库合作委员会在北京宣告成立,中国国家主席习近平致贺信。

4月25日,第二届"一带一路"国际合作高峰论坛民心相通分论坛在北京举行。

4月27日,第二届丝绸之路沿线民间组织合作网络论坛在北京开幕。

5月15日,亚洲文明对话大会在北京举行,大会主题是"亚洲文明交流互鉴与命运共同体",中国国家主席习近平出席会议并致辞。

6月至12月,"丝路一家亲"行动蒙古站、孟加拉国站、印度尼西亚站、中国新疆站、罗马尼亚站、中国北京站、刚果(布)站、坦桑尼亚站系列活动启动仪式先后举行。

10月18日,中国纺织工程学会发起的"一带一路"国际纺织科技联盟正式启动。

11月28日,首届文明交流互鉴对话会在北京故宫博物院举行。

2020年

3月20日,中国民间组织国际交流促进会发起"丝路一家亲"民间抗疫共同行动。

7月7日,孔子学院品牌由中国国际中文教育基金会全面负责运行。

11月17日,"一带一路"减贫与发展联盟在云南成立。经"一带一路"国际科学组织联盟批准,来自中国、波兰、匈牙利等国家和地区的14家科研机构和政府组织在云南省临沧市共同发起成立"一带一路"减贫与发展联盟,旨在聚焦"一带一路"区域扶贫与发展的共性挑战和重大需求。

11月22日,中国文化和旅游部发布2020年"一带一路"国际合作重点项目,45个项目在列。项目面向俄罗斯、柬埔寨、印尼、沙特、希腊等近20个国家和地区,涉及服务平台建设、数字文旅、创意设计、旅游演艺等领域,投资金额约130亿元人民币。

11月24日,中非环境合作中心启动活动在北京举行。

12月1日,由中国生态环境部与国际合作伙伴共同发起建立的"一带一路"绿色发展国际研究院正式启动。

12月3日,第四届"一带一路"国际青年论坛在韩国首尔和辽宁省大连市两地连线举行。

12月4日,"一带一路"智库合作联盟举办"中国新发展格局与高质量共建'一带一路'"国际视频研讨会。

2021年

5月4日,中国全球化智库和当代中国与世界研究院共同发起国际青年领袖对话。

9月15日,"一带一路"·长城国际民间文化艺术节在河北省廊坊市和秦皇岛市举办,中国国家主席习近平致贺信。

9月16日,2021中国希腊文化和旅游年在雅典拉开序幕。

9月21日,中国国家主席习近平在北京以视频方式出席第七十六届联合国大会,首次提出全球发展倡议。

10月1日,中国国家主席习近平为阿联酋迪拜世博会中国馆作视频致辞。

11月15日,第六届中非民间论坛在北京举行,中共中央总书记、国家主席习近平向论坛致贺信。

11月31日,2021海上丝绸之路国际产学研用合作会议在厦门大学举行。

12月3日,共建"一带一路"标志性项目中老铁路正式开通运营。

2022年

1月10日,第二届文明交流互鉴对话会在北京举行。

2月23日,中国同南部非洲六姊妹党联合建设的尼雷尔领导力学院竣工启用,中国国家主席习近平致贺信。

3月19日,中国-中东欧合作旗舰项目匈塞铁路贝尔格莱德—诺维萨德段开通运营。

4月21日,中国国家主席习近平在博鳌亚洲论坛年会开幕式上以视频方式发表题为《携手迎接挑战,合作开创未来》的主旨演讲,首次提出全球安全倡议。

8月12日,国际民间社会共同落实全球发展倡议交流大会在北京举行,中共中央总书记、国家主席习近平向大会致贺信。

8月25日,第五届中非媒体合作论坛以"新愿景 新发展 新合作"为主题,以线上线下相结合方式在北京开幕,中国国家主席习近平致贺信。

8月27日,中国-东盟职业教育联合会启动仪式在北京举行。

12月19日,第五届阿拉伯艺术节由中国文化和旅游部、外交部、江西省人民政府与阿拉伯国家联盟秘书处共同主办。

12月22日,中俄共同签署《2022—2023年中俄体育交流年行动计划议定书》。

2023 年

3月15日,中共中央总书记习近平在中共中央对外联络部主办的中国共产党与世界政党高层对话会上,首次提出全球文明倡议。

4月25日,亚洲文化遗产保护联盟成立,成为亚洲文化遗产领域首个国际合作机制。

5月17日,中哈两国元首宣布2024年为中国的哈萨克斯坦旅游年。

5月18日,第六届21世纪海上丝绸之路博览会在福州举办。

5月22日,2023"一带一路"年度汉字发布活动在陕西省汉中市举行,"信"成为2023"一带一路"年度汉字。

7月3日,中共中央总书记、国家主席习近平向中国国际交流协会主办的第三届文明交流互鉴对话会暨首届世界汉学家大会致贺信。

10月18日,第三届"一带一路"国际合作高峰论坛民心相通专题论坛在北京举行。

10月19日至21日,第三届丝绸之路沿线民间组织合作网络论坛在河南省郑州市举行。